Ce carnet appartient à :

_____

date..............

date...............

date...............

date..............

date...............

date...............

date...............

date…………...

date...............

date..............

date..............

date...............

date..............

date..............

date...............

date...............

date...............

date...............

date...............

date...............

date..............

date...............

date...............

date...............

date...............

date..............

date…………..

date...............

date...............

date..............

date...............

date...............

date...............

date…………...

date..............

date...............

date...............

date..............

date...............

date...............

date...............

date..............

date...............

date..............

date...............

date..............

date...............

date...............

date...............

date..............

date...............

date...............

date...............

date…………...

date..............

date..............

date..............

date...............

date...............

date..............

date...............

date...............

date...............

date…………...

date...............

date..............

date...............

date...............

date...............

date...............

date...............

date..............

date...............

date...............

date..............

date..............

date...............

date..............

date...............

date..............

date...............

date..............

date...............

date...............

date...............

date..............

date...............

date...............

date...............

date…………...

date..............

date...............

date..............

date...............

date...............

date..............